序

  呼伦贝尔市的文化，最早可以追溯到二万年前的古扎赉诺尔人。随着时间的推移和历史的进步，自公元前200年左右至清朝期间，辽阔的呼伦贝尔大地又先后孕育了东胡、匈奴、鲜卑、室韦、蒙古等十几个游牧部族，被誉为"中国北方游牧民族成长的历史摇篮"。其中影响中国乃至世界发展史的民族有：公元一世纪拓跋鲜卑族"南迁大泽"，进而入主中原，建立了北魏王朝；公元十三世纪，成吉思汗统一蒙古高原，建立了横跨欧亚的蒙古帝国。在史学界，呼伦贝尔继长江文化、黄河文化之后，被历史学家们称之为"中华文明的第三源"。由此我们可以断言，呼伦贝尔大文化就是原生态文化的再现和演绎。抚今追昔，无论是古老的草原游牧文化、森林狩猎文化，还是成吉思汗鞍马文化，无不渗透着"逐水草丰美而居"、信仰萨满、崇拜长生天、追求天人合一理念的一种文化精神写照。只有民族的才是世界的，正是因为这些游牧民族一代又一代地保持并传承了原生态文化所独有的特质，才会在一次又一次的民族融合、征战、迁徙中被保存了下来，成为呼伦贝尔不可多得的宝贵财富。如今，从生活在呼伦贝尔市43个少数民族群众的生产生活中，依稀可以找到原生态文化的影子。2007年9月26日，经中国民协批准，正式命名新巴尔虎左旗为"中国蒙古族长调民歌之乡"，并建立"中国蒙古族文化保护基地"；命名陈巴尔虎旗为"中国那达慕之乡"；命名鄂温克旗为"中国鄂温克文化之乡"，并建立"中国北方少数民族传统服饰文化研究基地"。原生态文化就是呼伦贝尔大文化的魂和根。

  从一般的认识来说，在中国古代史上，民族文化中的不少思想观念与精神因素对于巩固和延续封建的国家秩序起着重要的作用，因而受到自近代以来人们的强烈批判。然而，其中的精华部分所蕴涵的哲学意识、道德观念和艺术见解，不论是过去还是现在，又都在培育民族的优秀精神品格方面起着其他方式难以替代的重要作用。虽然从上世纪以来，中国已经发生文化转型的重大历史演进，传统的民族文化受到了严峻的挑战，大有以西方文化取代传统的民族文化的"革命"之势。但是，经过一个历史阶段的剧烈动荡和时间淘汰之后，多数人还是清醒地认为，传统的民族文化及其所包涵的民族精神，它的精华不仅凝结成了它的过去，也可以滋生出新的未来。尤其是其中所包涵的中华民族特有的优秀精神品质，对于这个民族的发展，对于我们国家的进步，都是不能排斥的。因而，它的国家意义、民族意义便得到了普遍认可。从文化本身来看，人们所主张的只有民族的才是世界的，保护民族文化的特色，才会使民族文化具有世界意义的观点，也同样意味着民族文化在任何一个国家都具有不可或缺的国家意义、民族意义、历史意义和现实意义。

  这次编辑出版的《呼伦贝尔文化博览丛书》共计六册，分别是：博物馆篇、非物质文化遗产篇、民族服装服饰篇、文艺演出篇、北方少数民族岩画篇、餐饮篇。该书集中反映了呼伦贝尔市自2001年10月10日"撤盟设市"以来，特别是"十一五"期间，呼伦贝尔市旅游文化战线发生的巨大变化，以及取得的令人欣慰的成果。该书在编撰过程中得到了全市旅游文化战线上广大同仁的大力支持与帮助，不仅丰富了《呼伦贝尔文化博览丛书》的内容，也提高了该系列丛书的文化内涵与艺术价值、实用价值和收藏价值。这是一部值得一看，值得细细品味，值得认真研究的经典之作，真诚地希望大家通过阅读此书，对呼伦贝尔的民族文化有一个更加全面、更加深刻的了解。并留给人们作为永久的精神文化遗产。

  诚然，该书在编撰过程中，由于受时间紧、任务重、要求高、内容多等诸多客观因素限制，不足与失误之处在所难免，敬请广大读者批评指正。

2011年3月9日

《呼伦贝尔文化博览丛书》

编辑委员会

主　　任：金　昭
副 主 任：刘兆奎　吴宏杰　诺　敏
　　　　　钱瑞霞　郭　苹
成　　员：高　茹　乔　平　闫传佳
　　　　　左　刚　王彭甲　刘青友
　　　　　白劲松　郭晓环　肖海昕
　　　　　于国良　张丽杰　张承红
　　　　　谭福洁　王忠民　孙　莹
　　　　　崔越领

编写组

主　　编：金　昭
副 主 编：刘青友
编写人员：高　茹　乔　平　闫传佳　左　刚　王彭甲　刘青友　白劲松　郭晓环
　　　　　莲　花　肖海昕　于国良　张丽杰　殷焕良　崔越领　李　慧　刘惠忠
　　　　　张承军　张忠良　李　浩　宋文浩　王大钊　吕思义　赵　蕾　贺海丽
　　　　　张春香　黄国庆　张桂芳　乌日图　白雪峰　白春梅　张永超　玲　丽
　　　　　索日娅　何丽英　张国文　孟松涛　于洪宇　孙　磊　刘　博　关　艳
　　　　　鄂　晶　何振华　杜国军　武峰强　贾福娟　孙志彬　孟　丽　山　丹
　　　　　董慧敏　郭志英　朱新章　吴玉明　孙静佳　朱朝霞　马静龙　刘立东
　　　　　伊　敏　朱秀杰　铁　钢　包青林　周　燕　哈　森　范　博　满　达
　　　　　吴玉华　建　军　宏　雷　陈乃森　曹珂香　阿纳尔　包玉波　王　岩
　　　　　金铭峰　郭旭光　讷荣芳　王艳梅　崔东波　吴　杰　白春英　杨玉琴
　　　　　孙祖栋　王汉俊　邢　锐　孙志斌　马　健　关　荣　韩金玲　朱智卓
　　　　　黄国庆　李光明　新苏优勒　乌仁高娃　敖登高娃　哈森其其格
　　　　　阿拉木斯　乌丽娅苏　庆格勒图

（本排名不分先后）

目录

1. 巴尔虎蒙古族服饰 3

2. 布里亚特蒙古族服饰 67

3. 达斡尔民族服饰 85

4. 鄂伦春民族服饰 121

5. 鄂温克民族服饰 129

巴尔虎蒙古族服饰　　布里亚特蒙古族服饰　　达斡尔民族服饰　　鄂伦春民族服饰

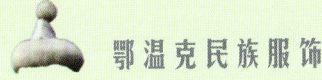

巴尔虎蒙古族服饰

巴尔虎蒙古人的服饰，包括新巴尔虎和陈巴尔虎服饰。这两个巴尔虎的服饰既有共同之处，也有各自的特点。

巴尔虎蒙古族服饰　　**布里亚特蒙古族服饰**　　**达斡尔民族服饰**　　**鄂伦春民族服饰**

巴尔虎蒙古人的服饰从整个款式风格上看，较多保留着古代蒙古民族服饰的服饰特点和部落服饰的传统风格。巴尔虎蒙古人无论男女均穿宽下摆的长袍，男子靠下腰系腰带，以上提袍为美；妇女则以靠上腰系腰带，使袍子上部以贴身为美。陈巴尔虎人穿有开衩长袍，新巴尔虎人则穿无开衩长袍。

鄂温克民族服饰

呼伦贝尔文化博览丛书

巴尔虎蒙古族服饰　　布里亚特蒙古族服饰　　达斡尔民族服饰　　鄂伦春民族服饰

巴尔虎人所穿的长袍特尔利克均要镶宽沿边儿，袖口为大马蹄袖，妇女长袍的袖子则以膝齐长为美。他（她）们的长袍特尔利克如果有一道沿边儿，在领口、大襟、腋下和腰侧则各钉一道扣袢儿；如有两道沿边儿，在领口、大襟和腰侧各钉两道扣袢儿；如有三道沿边儿，在领口、大襟和腰侧各钉三道扣袢儿。巴尔虎蒙古人早先主要穿一道扣袢儿的长袍特尔利克，其扣袢儿主要以银、铜、库锦、绸缎、布、皮条制作。

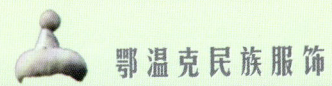

鄂温克民族服饰

呼伦贝尔文化博览丛书

巴尔虎蒙古族服饰　布里亚特蒙古族服饰　达斡尔民族服饰　鄂伦春民族服饰

呼伦贝尔文化博览丛书

鄂温克民族服饰

巴尔虎少女梳后垂式独辫封发，腰系紧身腰带。早先巴尔虎少女有梳数条辫子的习俗，这是古代蒙古人的少女发型。

巴尔虎蒙古族服饰　　布里亚特蒙古族服饰　　达斡尔民族服饰　　鄂伦春民族服饰

鄂温克民族服饰

呼伦贝尔文化博览丛书

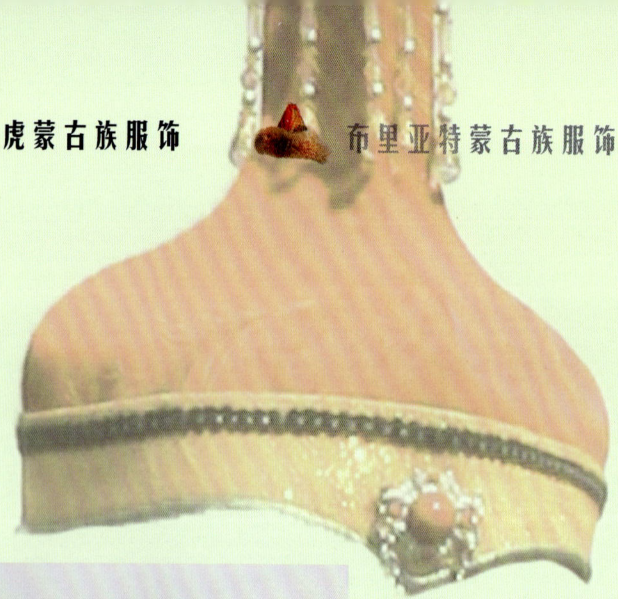

巴尔虎蒙古族服饰　布里亚特蒙古族服饰　达斡尔民族服饰　鄂伦春民族服饰

新巴尔虎少女一般到十七八岁就要出嫁。这时要用男方送来的银子让银匠制作"哈布其格"(发夹)、额箍、后背和胸部银质垂饰、亭勒、图海、吉祥结、手镯、戒指等装饰品。还要用男方送来的牛羊购置四季服装、布帛锦缎、珊瑚、玉石等新娘用品。姑娘出嫁时，在"收财日"母亲给她穿新长袍和对襟长坎肩，戴哈布其格、额箍、还要给她穿类似雨衣的毛呢蒙面袍。新郎要穿华美的绸缎长袍，头戴插有貂尾的圆顶立檐帽，腰挎弓箭和图海、火镰、餐刀、褡裢等，乘骑骏马前去新娘家接亲。当新郎新娘和从乘骑者一同来到家门口时，先由几位傧妇把新娘领到分发室，由相同生肖的妇女进行分发，梳成两条发辫。然后头戴镶有珊瑚绿松石的银质"哈布其格"、额箍和貂皮红缨帽，身穿新娘无腰带长袍和对襟长坎肩，还要佩带胸背银饰和银质图海、亭勒。巴尔虎新娘长袍的最明显的特点是有美丽袖箍的灯笼式接袖，腰节有横向分割的装饰结构。这种长袍的下摆前面有褶，后面无褶。在新娘长袍外面套穿一件有4个开衩，钉有5道银质扣祥儿的对襟长坎肩。这种长坎肩同长袍一样在腰节有分割结构，

鄂温克民族服饰

无领，上身紧，腰节打褶，在对襟之缘和袖窿镶有二指宽库锦沿边儿。穿这种坎肩在腰侧纽襟带孛勒，它是已婚妇女华贵的腰侧装饰，约需10两银子。其上要悬挂八宝垂饰和彩巾。

呼伦贝尔文化博览丛书

巴尔虎蒙古族服饰　　**布里亚特蒙古族服饰**　　**达斡尔民族服饰**　　**鄂伦春民族服饰**

关于新娘的全套服饰，新巴尔虎的祝颂者们有如下真实的赞述：头上戴的是青鼬貂皮冠，后垂一双美丽的红飘带。还有刻有凸花的银额箍，其上镶嵌着大小红珊瑚。面颊两边带的是银发夹，还有雕刻玉花的双发套。手上戴的是银手镯和戒指，身上戴的是银图海和垂饰。

14

鄂温克民族服饰

新娘的穿着更有讲究：父亲赐予的是衣料，母亲缝制的是衣着，有绣花蟒缎吊面的羔皮长袍十件；有下摆前襟相配的库锦坎肩两件；用香牛皮、薄皮做成的前后左右有夹条，靴帮靴勒上有图案冬夏两季穿的白底靴子八双。

| 巴尔虎蒙古族服饰 | 布里亚特蒙古族服饰 | 达斡尔民族服饰 | 鄂伦春民族服饰 |

陈巴尔虎旗的少女出嫁时，把独辫式封发分成左右两个辫子，用发套装饰后戴貂皮圆顶帽即可。

巴尔虎男子的坎肩，要与长袍形成对比颜色。他们坎肩主要以团花缎为面料，镶有青色绸类沿边儿。在喜庆节日还要穿后边有开衩的马褂。马褂有棉、夹两种。巴尔虎蒙古男子在腰带上挎火镰、餐刀、银图海、鼻烟壶、褡裢等。

巴尔虎蒙古人戴的帽子主要有圆顶立檐帽、罕坦帽、陶尔其克帽、风雪帽、毡帽、四楞帽等。巴尔虎蒙古人不论男女在夏季均罩头巾。他（她）们还穿棉袄、套裤、护腰儿和领衣等衣着。

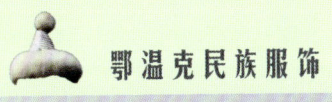

鄂温克民族服饰

呼伦贝尔文化博览丛书

巴尔虎蒙古族服饰　　布里亚特蒙古族服饰　　达斡尔民族服饰　　鄂伦春民族服饰

鄂温克民族服饰

呼伦贝尔文化博览丛书

巴尔虎蒙古人所穿的靴子有很多式样，有尖头靴子、香牛皮翘尖靴子、白底靴子、苏格苏勒靴子、毡靴子、山羊皮靴套和靴底靴帮连在一起的苏海靴子等式样。

现代巴尔虎服饰

巴尔虎蒙古族服饰　　布里亚特蒙古族服饰　　达斡尔民族服饰　　鄂伦春民族服饰

巴尔虎服饰——巴尔虎服饰仍保留着新、陈两个巴尔虎服饰的传统款式风格。但较之过去其区别不十分明显，只是在男女长袍的镶边装饰上有所不同。新巴尔虎长袍的3道窄条镶边装饰，制作精美，均匀标致；陈巴尔虎长袍的一道宽沿边儿加两道水流的镶边装饰，华丽多姿，光彩夺目。

鄂温克民族服饰

呼伦贝尔文化博览丛书

巴尔虎蒙古族服饰　　布里亚特蒙古族服饰　　达斡尔民族服饰　　鄂伦春民族服饰

鄂温克民族服饰

呼伦贝尔文化博览丛书

23

巴尔虎蒙古族服饰　　布里亚特蒙古族服饰　　达斡尔民族服饰　　鄂伦春民族服饰

24

鄂温克民族服饰

新、 陈巴尔虎已婚妇女古老传统头饰，已被新型辫发、烫发和各种新式头巾所取代，已婚妇女中不见有穿灯笼袖无腰带长袍和有4个摆衩的对襟长坎肩者，而不论未婚还是已婚妇女均束腰带了。巴尔虎男子所戴的圆顶立檐帽已被礼帽、鸭舌帽和平顶护耳帽所取代。现在巴尔虎人不论男女均穿马靴，传统的白底皮靴和薄底皮靴已不多见了。近几年来，在青年妇女中戴新式耳环、耳坠、金银戒指和使用现代化妆品的人，也日益多起来。

巴尔虎蒙古族服饰　　布里亚特蒙古族服饰　　达斡尔民族服饰　　鄂伦春民族服饰

鄂温克民族服饰

呼伦贝尔文化博览丛书

　　巴尔虎男女长袍除用传统的团花缎、锦缎之外，较普遍地使用毛料、丝绒和化纤织物等现代面料。在色彩的构成上男子多以靛蓝、宝蓝、深绿、黄褐、古铜色团花缎、毛料、涤纶和有暗格的化纤布为面料，镶边装饰多用深蓝、青绿、绯红、青色库锦。妇女多以蔚蓝、青绿、黄绿、深绿、粉红、紫红、浅褐色绸缎，团花缎、锦缎、花缎和深蓝、浅蓝、深绿、浅褐色毛料、毛涤、丝绒以及花纹素雅的各种化纤布为面料，镶边装饰多用火红、金黄、黄绿、深蓝色库锦。

| 巴尔虎蒙古族服饰 | 布里亚特蒙古族服饰 | 达斡尔民族服饰 | 鄂伦春民族服饰 |

巴尔虎长袍不仅讲究款式新颖、做工精细、美观得体，而且还讲究色彩鲜艳、线条流畅的镶边装饰和笔挺标致的长纽袢儿。巴尔虎妇女为了使扣形盘制更加标准，使纽袢儿缝得无线迹，将库锦斜条面对面地对折，用机缝沿毛边轧暗线一道，然后用长针翻正成扣带条，而且为了把纽袢儿钉得笔挺标致，她们往往在面料

鄂温克民族服饰

背面敷一块麻衬。裁制合理、工艺精湛的吊面羔皮袍或绸缎棉袍表面看不见绗道，从而使长袍的面料显得平展无褶，加之色彩鲜艳、线条流畅的镶边装饰和三三为一排的笔挺长纽袢儿，更使长袍变得平挺整齐、高雅富丽，将它穿上并束以与面料成对比色彩的丝绸腰带，显得挺括而整齐，健壮而潇洒。因此，巴尔虎长袍对各地传统长袍有一定的影响。

巴尔虎蒙古族服饰　　布里亚特蒙古族服饰　　达斡尔民族服饰　　鄂伦春民族服饰

在海拉尔市和新陈巴尔虎旗均有机械化商品生产的民族服装厂和民族用品厂，在民间缝纫机较普及，也有了一些服装承做专业户。他们为整个呼伦贝尔地区蒙古民族服饰的发展变化，做出了显著贡献。

鄂温克民族服饰

呼伦贝尔文化博览丛书

巴尔虎蒙古族服饰　　布里亚特蒙古族服饰　　达斡尔民族服饰　　鄂伦春民族服饰

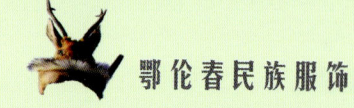

新、陈巴尔虎中老年和妇女中，穿着传统服饰的人较多，而在青年男女中交替穿戴传统服饰和现代服饰的人占多数。逢年过节或举办那达慕大会时，巴尔虎人大多数穿戴传统盛装。

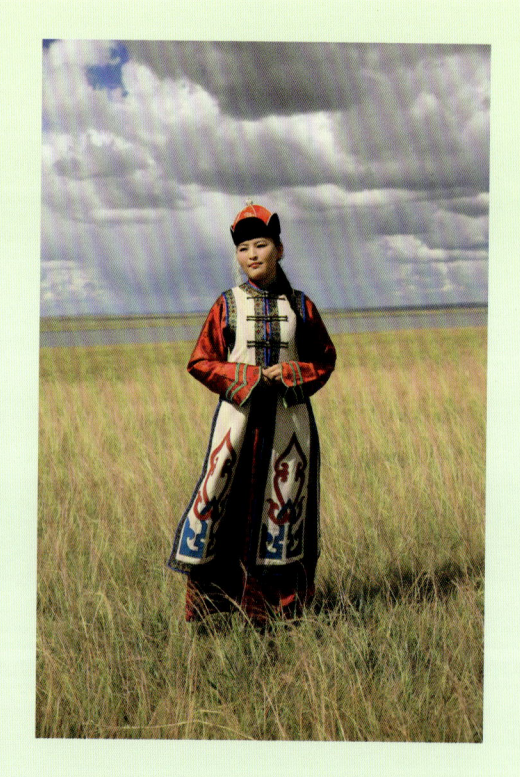

呼伦贝尔文化博览丛书

鄂温克民族服饰

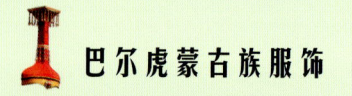

巴尔虎蒙古族服饰　　布里亚特蒙古族服饰　　达斡尔民族服饰　　鄂伦春民族服饰

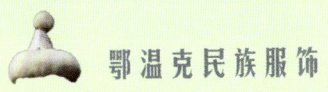

鄂温克民族服饰

巴尔虎蒙古族服饰　　布里亚特蒙古族服饰　　达斡尔民族服饰　　鄂伦春民族服饰

36

鄂温克民族服饰

呼伦贝尔文化博览丛书

巴尔虎蒙古族服饰　　布里亚特蒙古族服饰　　达斡尔民族服饰　　鄂伦春民族服饰

鄂温克民族服饰

呼伦贝尔文化博览丛书

巴尔虎蒙古族服饰　　布里亚特蒙古族服饰　　达斡尔民族服饰　　鄂伦春民族服饰

鄂温克民族服饰

巴尔虎蒙古族服饰　　布里亚特蒙古族服饰　　达斡尔民族服饰　　鄂伦春民族服饰

鄂温克民族服饰

呼伦贝尔文化博览丛书

巴尔虎蒙古族服饰　　布里亚特蒙古族服饰　　达斡尔民族服饰　　鄂伦春民族服饰

44

鄂温克民族服饰

呼伦贝尔文化博览丛书

巴尔虎蒙古族服饰　　布里亚特蒙古族服饰　　达斡尔民族服饰　　鄂伦春民族服饰

46

鄂温克民族服饰

呼伦贝尔文化博览丛书

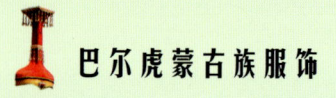

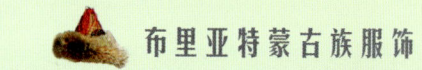

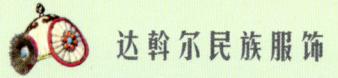

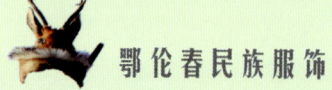

巴尔虎蒙古族服饰　布里亚特蒙古族服饰　达斡尔民族服饰　鄂伦春民族服饰

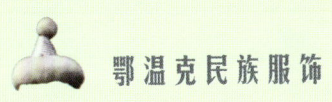

鄂温克民族服饰

呼伦贝尔文化博览丛书

巴尔虎蒙古族服饰　　布里亚特蒙古族服饰　　达斡尔民族服饰　　鄂伦春民族服饰

鄂温克民族服饰

呼伦贝尔文化博览丛书

巴尔虎蒙古族服饰　　布里亚特蒙古族服饰　　达斡尔民族服饰　　鄂伦春民族服饰

鄂温克民族服饰

巴尔虎蒙古族服饰　　布里亚特蒙古族服饰　　达斡尔民族服饰　　鄂伦春民族服饰

鄂温克民族服饰

呼伦贝尔文化博览丛书

巴尔虎蒙古族服饰　　布里亚特蒙古族服饰　　达斡尔民族服饰　　鄂伦春民族服饰

鄂温克民族服饰

呼伦贝尔文化博览丛书

57

巴尔虎蒙古族服饰　　布里亚特蒙古族服饰　　达斡尔民族服饰　　鄂伦春民族服饰

鄂温克民族服饰

呼伦贝尔文化博览丛书

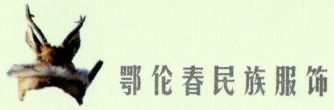

巴尔虎蒙古族服饰　　布里亚特蒙古族服饰　　达斡尔民族服饰　　鄂伦春民族服饰

鄂温克民族服饰

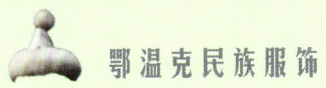

呼伦贝尔文化博览丛书

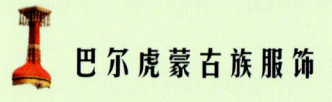

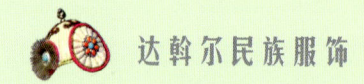

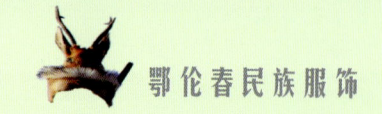

巴尔虎蒙古族服饰　　布里亚特蒙古族服饰　　达斡尔民族服饰　　鄂伦春民族服饰

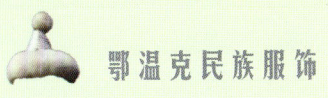

鄂温克民族服饰

呼伦贝尔文化博览丛书

巴尔虎蒙古族服饰　　布里亚特蒙古族服饰　　达斡尔民族服饰　　鄂伦春民族服饰

鄂温克民族服饰

呼伦贝尔文化博览丛书

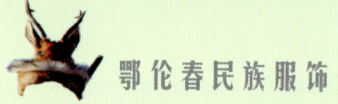

巴尔虎蒙古族服饰　布里亚特蒙古族服饰　达斡尔民族服饰　鄂伦春民族服饰

鄂温克民族服饰

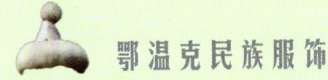

布利亚特蒙古族服饰

传统的布利亚特男袍一般用青、蓝、紫色绸缎做面,前襟用红色加明、暗两种色彩构成三色宽沿边儿。袍子的颜色多以较为鲜艳的色彩为主。袍身肥大,带马蹄袖,系淡红、淡绿或紫色腰带。冬季男子身穿大羊皮长袍,大襟扣子在右侧,镶有彩边。扣子成双或三个并排(银扣或自编),彩绸腰带扎得较低,腹部凸起。

巴尔虎蒙古族服饰　　布里亚特蒙古族服饰　　达斡尔民族服饰

68

鄂温克民族服饰

女式袍有未婚和已婚妇女之别，都不系腰带。姑娘穿的长袍连袖而无马蹄袖，腰间的分割装饰绦和大襟镶边较宽而华丽，大襟边从下往上镶有红、黑以及和面料颜色成对比的三色沿边儿。大襟上部的这种镶边儿越过领口中心线与右侧对称，有的在镶边里塞一些棉毛之类软物，使三色沿边儿鼓起为美。上身和袖子贴身，腰部有大褶，下摆肥大，同上身相接处有褶皱，并用彩带盖上；姑娘不穿坎肩，袍子也没有马蹄袖。

巴尔虎蒙古族服饰　　布里亚特蒙古族服饰　　达斡尔民族服饰　　鄂伦春民族服饰

布利亚特已婚妇女还有一种长袍加对襟短坎肩的套装，其短坎肩要用与长袍同色面料制作，并在袖窿和对襟之缘用库锦镶边装饰，其长袍在领边、领座、大襟、腰围和袖筒上段，均有库锦嵌饰。肩部高耸，纳有许多衣褶，衣褶下面的臀部和胸部都围饰着绣有金线的宽衣边。袖分两段，袖口部与姑娘袍相似，而与上身相接部肥大，用褶皱相接。在肩上凸

鄂温克民族服饰

呼伦贝尔文化博览丛书

巴尔虎蒙古族服饰　　布里亚特蒙古族服饰　　达斡尔民族服饰　　鄂伦春民族服饰

呼伦贝尔文化博览丛书

起1公分高的褶,袖子两段衔接处同袖口部大小相同,并用彩带遮住相接处的针码。

这种袍子,一般是由裁剪好的七块布缝制而成。在民间传说中,布里亚特部祖先之一的博勒金夫人,在同外族的战斗中英勇牺牲,战后敌人分解了夫人的遗体。布里亚特

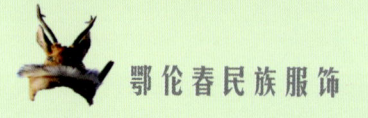

巴尔虎蒙古族服饰 **布里亚特蒙古族服饰** **达斡尔民族服饰** **鄂伦春民族服饰**

为了纪念这位女英雄,按照遗体肢解的部位裁剪衣服,重新缝制,形成了今天特有的布里亚特妇女装。

传统的布利亚特男子冬季头戴红缨角帽,额部较高,脖后较长。帽边和帽耳里是羔皮或水獭等贵重皮毛。13世纪时的布里亚特蒙古族隶属于贝加尔湖周围的十多个部落联盟。为了不忘自己的历史,以帽子的顶珠象征太阳,红穗代表阳光,帽身上缝制十几条横

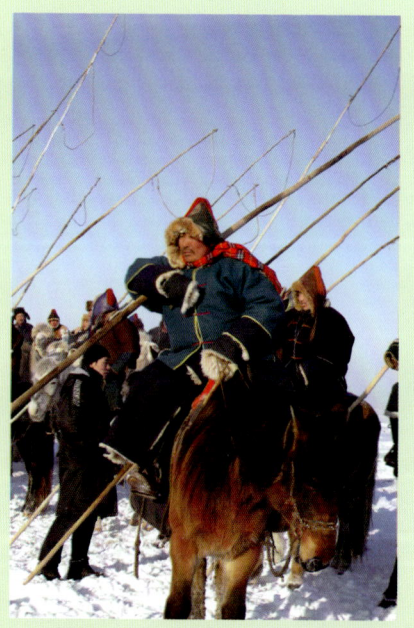

鄂温克民族服饰

呼伦贝尔文化博览丛书

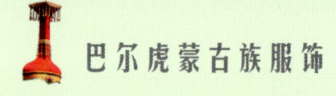

巴尔虎蒙古族服饰　　布里亚特蒙古族服饰　　达斡尔民族服饰　　鄂伦春民族服饰

向网纹标志部族的组成。姑娘戴贵重皮毛制作的尖顶立檐帽，小姑娘扎头巾。现代布利亚特男女在冬季一般戴传统的尖顶护耳帽，春秋和夏季则戴别具风格的尤登帽。这种尤登帽的基本款式类似古代蒙古人戴的栖鹰冠。该帽用呢子做成，戴者根据季节、气候和年龄、性别，可随意折叠成最合适的样式。

鄂温克民族服饰

呼伦贝尔文化博览丛书

巴尔虎蒙古族服饰　　布里亚特蒙古族服饰　　达斡尔民族服饰　　鄂伦春民族服饰

鄂温克民族服饰

巴尔虎蒙古族服饰　　布里亚特蒙古族服饰　　达斡尔民族服饰　　鄂伦春民族服饰

呼伦贝尔文化博览丛书

鄂温克民族服饰

　　布里亚特式厚毡底高腰蒙古靴,穿着便捷,走路舒适。由于居住环境寒冷潮湿,靴子一般做厚底、翘尖、带笼套式样。

　　布里亚特女子的帽边以下戴一串珍珠、玛瑙珠做的"塔图尔"(额箍),两侧挂带有金、银环的垂饰,胸前戴圆形"槁"(原为佛像盒)。布里亚特新娘在结婚时头戴一种用贵重的皮张围筒、绸缎缝成的尖顶的并镶有珠玉的帽子。帽子的两边垂着两条黑丝金绒的假辫,蒙古语叫"托依卜"。"托依卜"的下部用镶珠的银链连接起来,挂在胸前,这种头饰为布里亚特新娘所独有。布里亚特女子在未婚之前,都梳单根发辫,甚至有编八辫之风,在洞房梳妆时,则改为两根,分别装在"托依卜"里面。

巴尔虎蒙古族服饰　　布里亚特蒙古族服饰　　达斡尔民族服饰　　鄂伦春民族服饰

82

鄂温克民族服饰

呼伦贝尔文化博览丛书

巴尔虎蒙古族服饰　　布里亚特蒙古族服饰　　达斡尔民族服饰　　鄂伦春民族服饰

鄂温克民族服饰

达斡尔族服饰

　　传统的达斡尔族服饰，男子夏季穿白汗衫、白裤子、外加长袍，用白布包头，自制布鞋或皮靴、戴帽子，冬季出门戴狍头皮或狐狸头皮做的帽子、帽双耳翘起，穿棉布长衣，外套犴皮坎肩，做客时穿长袍。外面围中间开衩的围裙（有的皮制），有装饰图案或饰边。围裙外穿短坎肩，坎肩有大襟、半偏襟、对襟。劳动时穿皮套裤，男人出外打猎时，穿狍皮制的猎衣，戴礼帽或黑绸瓜皮帽，腰束布带，脚穿皮靴。

巴尔虎蒙古族服饰　　布里亚特蒙古族服饰　　达斡尔民族服饰　　鄂伦春民族服饰

达斡尔族妇女身穿长而肥的袍子、不开衩，有时外面穿短坎肩（库如木），长袍袖管肥大，上绣美丽图案，饰花边，内里有两层（一层比一层长）的假袖。图案较简单。色彩浅淡素雅，不束腰带、不穿短衣。颜色以蓝色为主，夏天脚穿白布袜、绣花鞋，冬季不穿棉裤、穿单裤。外套夹布套裤、穿皮衣、皮靴，年节或喜庆之时，女子才穿各色绣花绸缎衣服，外套坎肩，与清代满族服装样式基本相同。中年以上的妇女，部分还保留着满族式的发型。

鄂温克民族服饰

呼伦贝尔文化博览丛书

巴尔虎蒙古族服饰　　布里亚特蒙古族服饰　　达斡尔民族服饰　　鄂伦春民族服饰

呼伦贝尔文化博览丛书

鄂温克民族服饰

达斡尔族男子的帽子多用狼或狐狸的头皮做成，其中以狼头皮帽最为普遍。这种帽子毛朝外，双耳、犄角挺立，用黑布剪成两个眼球贴于原来的眼窝处，或嵌入两个黑玻璃球做眼睛，形象非常逼真，出猎时戴上它不仅可防寒保暖，而且还能起到很好的伪装作用。在温暖的季节多数人则愿戴毡子礼帽。

巴尔虎蒙古族服饰　　布里亚特蒙古族服饰　　达斡尔民族服饰　　鄂伦春民族服饰

鄂温克民族服饰

呼伦贝尔文化博览丛书

巴尔虎蒙古族服饰　　布里亚特蒙古族服饰　　达斡尔民族服饰　　鄂伦春民族服饰

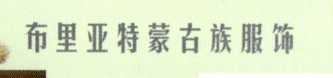

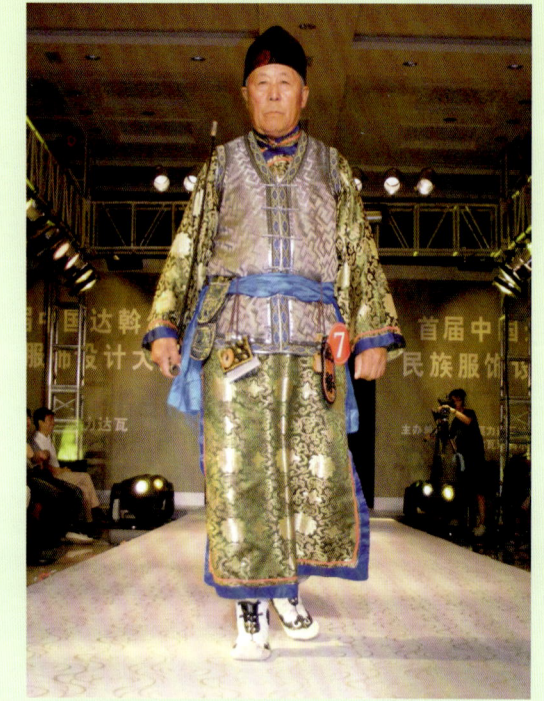

靴子传统靴子有三种："奇卡米"用狍腿皮拼缝靴面，用鹿脖子皮做靴底，里边穿狍皮袜子，垫乌拉草，轻暖柔软，最适涉雪，猎人愿穿这种靴子："斡洛奇"布腰布底或是皮底，是春夏秋季穿用的便靴："得热特莫勒"，布腰皮底有长绑带，里边穿毡袜垫乌拉草，系扎绑带不进雪，轻暖，适合冬季劳动时穿，还有皮底，狍腿皮拼缝的靴子。

鄂温克民族服饰

呼伦贝尔文化博览丛书

巴尔虎蒙古族服饰　　布里亚特蒙古族服饰　　达斡尔民族服饰　　鄂伦春民族服饰

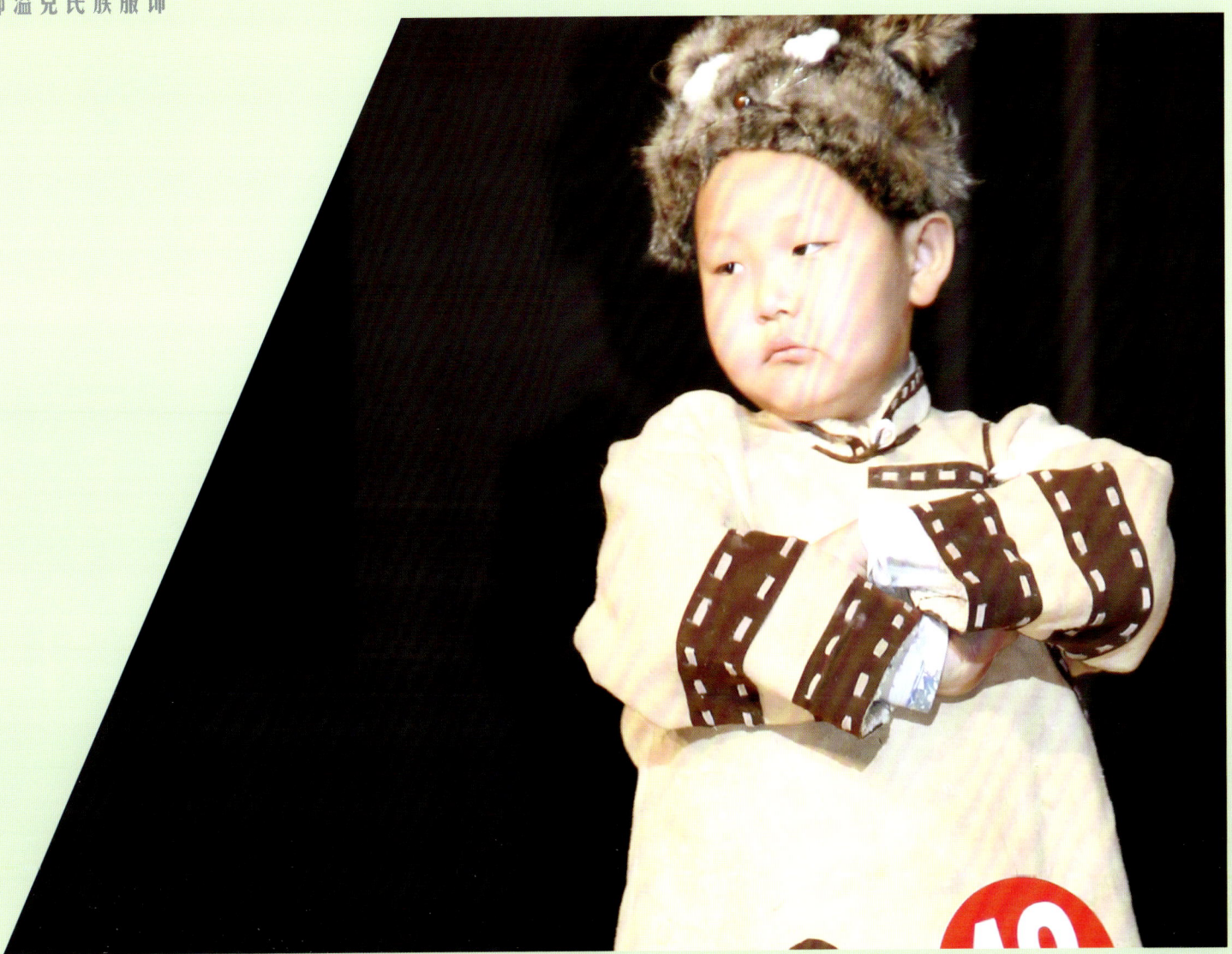

鄂温克民族服饰

呼伦贝尔文化博览丛书

巴尔虎蒙古族服饰　　布里亚特蒙古族服饰　　达斡尔民族服饰　　鄂伦春民族服饰

鄂温克民族服饰

呼伦贝尔文化博览丛书

巴尔虎蒙古族服饰　布里亚特蒙古族服饰　达斡尔民族服饰　鄂伦春民族服饰

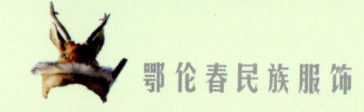

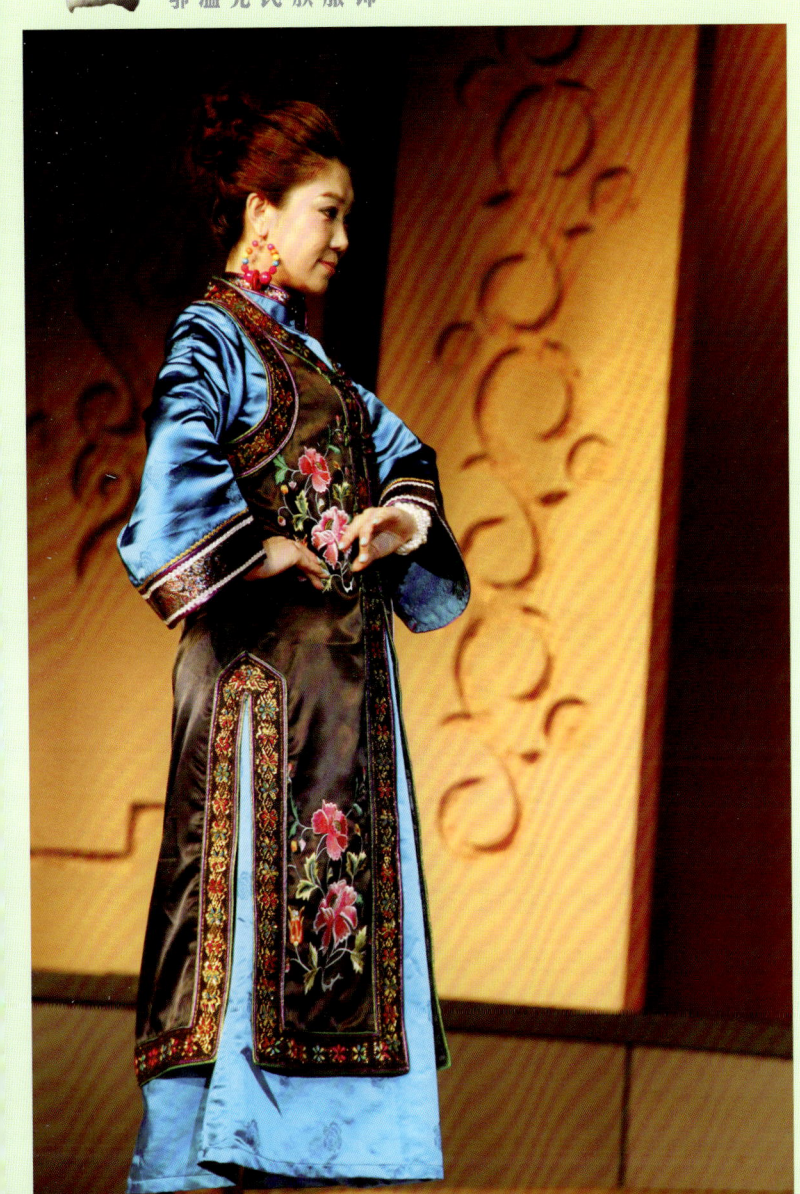

呼伦贝尔文化博览丛书

鄂温克民族服饰

巴尔虎蒙古族服饰　　布里亚特蒙古族服饰　　达斡尔民族服饰　　鄂伦春民族服饰

鄂温克民族服饰

呼伦贝尔文化博览丛书

　　手套是只有一个大拇指的腰皮"手闷子"，用细皮条扎胳臂上，手腕处有一道开口，必要时能从开口处伸出手。冬季劳动时戴长毛皮套袖，可防止冻手，劳动操作也很方便。

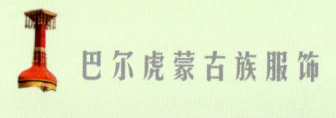

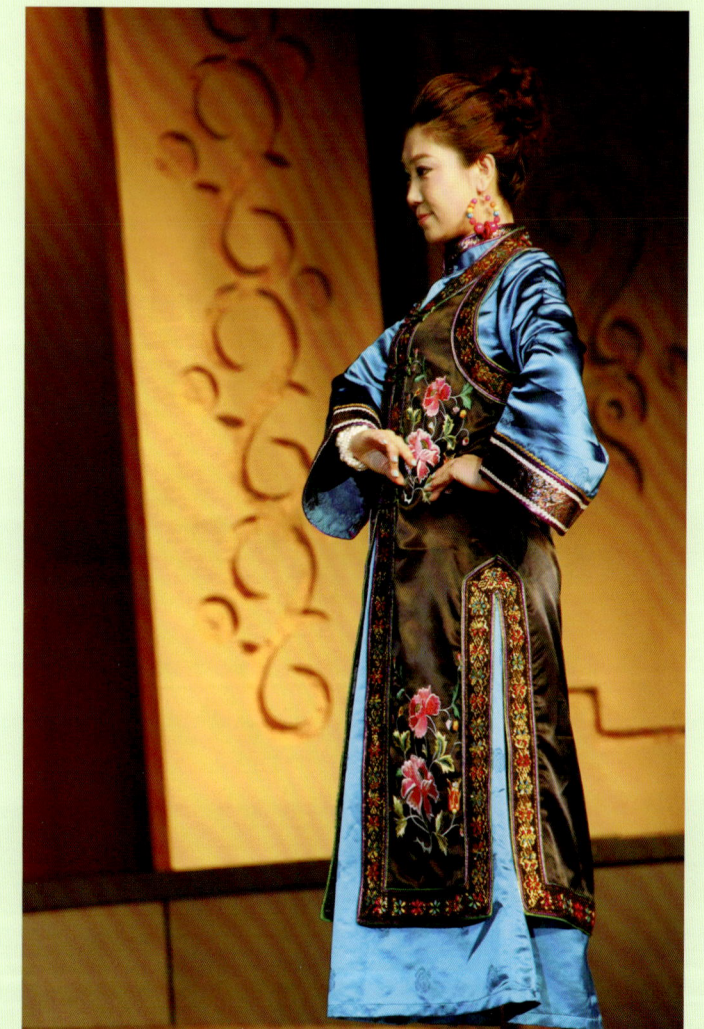

巴尔虎蒙古族服饰　　布里亚特蒙古族服饰　　达斡尔民族服饰　　鄂伦春民族服饰

鄂温克民族服饰

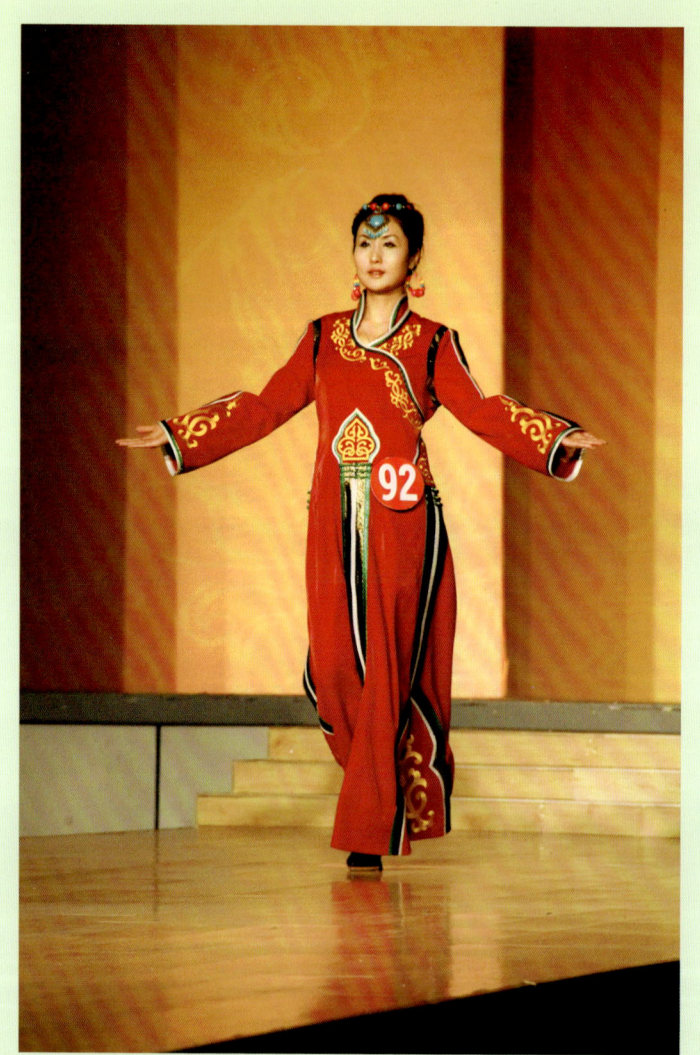

巴尔虎蒙古族服饰　　布里亚特蒙古族服饰　　达斡尔民族服饰　　鄂伦春民族服饰

鄂温克民族服饰

呼伦贝尔文化博览丛书

巴尔虎蒙古族服饰　　布里亚特蒙古族服饰　　达斡尔民族服饰　　鄂伦春民族服饰

达斡尔族妇女根据不同季节穿棉、夹、单布料衣裤，青年妇女愿穿浅蓝色，中年人愿穿蓝色。每个妇女在结婚时都要做几件面料较好比较华丽的服装，外面罩艳色大绒长坎肩，穿绣花鞋、戴头饰、耳环、手镯、戒指等装饰品、衣襟上佩带绣花荷包和手绢，为老人或客人敬烟时用。老年妇女愿穿深素色服装，外面罩黑色大绒短坎肩，穿黑色布鞋，头戴黑大绒头匝，中间嵌有色玉宝石。中、老年妇女劳动时多用白毛巾包裹头发。

鄂温克民族服饰

呼伦贝尔文化博览丛书

巴尔虎蒙古族服饰　　布里亚特蒙古族服饰　　达斡尔民族服饰　　鄂伦春民族服饰

鄂温克民族服饰

呼伦贝尔文化博览丛书

巴尔虎蒙古族服饰　　布里亚特蒙古族服饰　　达斡尔民族服饰　　鄂伦春民族服饰

鄂温克民族服饰

呼伦贝尔文化博览丛书

巴尔虎蒙古族服饰　　布里亚特蒙古族服饰　　达斡尔民族服饰　　鄂伦春民族服饰

鄂温克民族服饰

巴尔虎蒙古族服饰　　布里亚特蒙古族服饰　　达斡尔民族服饰　　鄂伦春民族服饰

鄂温克民族服饰

呼伦贝尔文化博览丛书

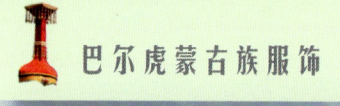

巴尔虎蒙古族服饰　　布里亚特蒙古族服饰　　达斡尔民族服饰　　鄂伦春民族服饰

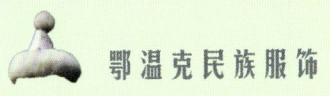

鄂温克民族服饰

呼伦贝尔文化博览丛书

巴尔虎蒙古族服饰　　布里亚特蒙古族服饰　　达斡尔民族服饰　　鄂伦春民族服饰

118

呼伦贝尔文化博览丛书

鄂温克民族服饰

巴尔虎蒙古族服饰　　布里亚特蒙古族服饰　　达斡尔民族服饰　　鄂伦春民族服饰

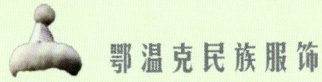

鄂温克民族服饰

鄂伦春族服饰

鄂伦春人民靠勤劳和智慧，创造了独特、完美的狍皮文化：他们头戴狍头皮帽，身着狍皮衣裤，脚穿狍腿皮靴，这些皮制服装做得实用、美观，具有浓郁的民族特色。

巴尔虎蒙古族服饰　　布里亚特蒙古族服饰　　达斡尔民族服饰　　鄂伦春民族服饰

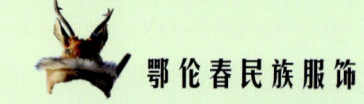

鄂伦春人穿的皮袍主要是用狍子皮做的。过去，鄂伦春人一年四季都打狍子。冬天的狍皮有较厚的绒毛，用来做御寒的皮袍。春秋季的衣袍是用夏天打的狍皮做的，夏季的狍皮是沙毛，很短，颜色发红，所以也叫"红毛皮衣"。夏季的衣服是把皮子上的毛刮干净，剩下的光皮板做

呼伦贝尔文化博览丛书

鄂温克民族服饰

的。下雨的时候把冬天的旧皮衣毛朝外穿，皮衣就不会湿透。

　　鄂伦春人不论男女，皮袍的式样基本相同，都是右大襟。鄂伦春皮袍上的装饰简单、大方。为了美观和耐用，袍边和袖口都镶着薄薄的皮子，细细密密地缂得平展硬挺，衣领缝着猞猁皮或者狐狸皮。女式皮袍除了镶边外，在袍边、开衩的地方有美丽的花纹图案。侧面开衩的地方一般是尖顶的云形花纹，衣袖和衣角是相对称的行云流水图案或"回"形花纹。花纹是用彩色线缝制或是用火烙上去的。鄂伦春人装饰皮衣的花纹很讲究对称，特别是左右的对称，这种审美观念的由来，和鄂伦春人长期生活在崇山峻岭之间，对大自然的观察有直接关系。

123

厄鲁特蒙古族服饰　　布里亚特蒙古族服饰　　达斡尔民族服饰　　鄂伦春民族服饰

鄂伦春语把男式皮袍叫做"尼罗苏恩"，长度一般到膝盖以下，为了骑马方便，前后都开衩。女式皮袍叫"阿西苏恩"，比男袍长一些，到脚面，左右开衩。

儿童皮袍式样与大人的相同，但不绣花，也不镶边，而是在袖口和大摆接一条漂亮的皮子，有的皮袍坠着纽扣、珠贝和铃铛。当孩子们欢快地玩耍时，清脆的铃铛声远远地就能听到，好像要传播孩子那天真烂漫的可爱。

鄂伦春男子穿的皮裤叫"额勒开依"，腰间肥大，长到膝盖。女皮裤和现在有背带的裤子差不多，比男裤稍瘦些，前面带兜肚，裤腰从左右向前折，系上腰带，这种裤子适合鄂伦春妇女骑马、采集野菜和山果。

呼伦贝尔文化博览丛书

鄂温克民族服饰

鄂伦春妇女喜欢戴狍
狲皮帽，或者是镶着狐狸皮
或狍狲皮的毡帽——"阿
文"，帽子上有四个耳，左
右是两个大耳，前后是两个
小耳，平时也是翻在上面，
冷的时候放下来。

鄂伦春人冬天戴的手
套有三种，一种叫"瓦拉开
依"，就是我们现在戴的皮
手闷子。另一种叫做"考胡
落"，是深受鄂伦春人喜
爱，非常适合狩猎使用的手
套。"考胡落"是用一块长
方形的狍皮，一头剪成圆形

125

巴尔虎蒙古族服饰　　布里亚特蒙古族服饰　　达斡尔民族服饰　　鄂伦春民族服饰

抽成褶，在侧面镶条皮子，做一个大拇指套缝在上面，大拇指同四指分开，手掌留口。平时，手在里面，射击或者是抽烟的时候不用摘掉手套，从手掌处的口直接把手伸出来，非常方便。鄂伦春人的五指手套叫"沙拉耶开依"，非常精美，在手腕镶上各种颜色的毛皮，有的镶狐狸皮，有的是两道雪白皮间夹一道黑亮的貂皮，配上手背、手指上艳丽的绣花，叫人爱不释手。"沙拉耶开依"常常是男女之间的定情物。

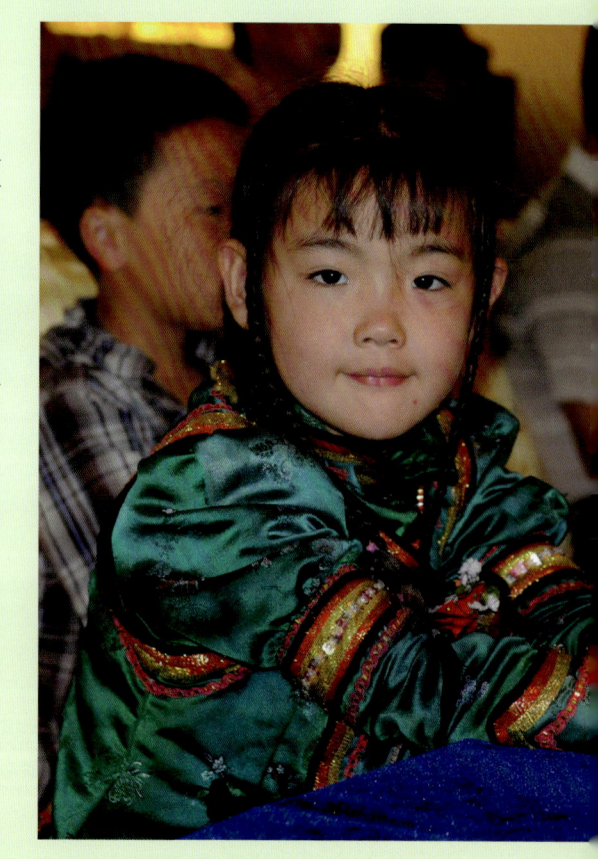

鄂温克民族服饰

呼伦贝尔文化博览丛书

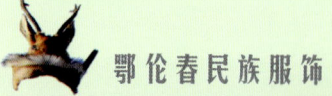

巴尔虎蒙古族服饰　布里亚特蒙古族服饰　达斡尔民族服饰　鄂伦春民族服饰

鄂温克民族服饰

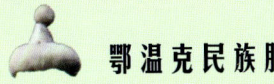

鄂温克族服饰

  鄂温克族服饰的特点是肥大、宽松、斜大襟、束长腰带。服饰的原料主要为兽皮，这与其主要从事畜牧业和所在地区气候寒冷不无关系。冬天一般用长毛、厚毛皮做衣服；春秋用小毛皮，夏天也有用去了毛的光板皮做衣服的，在皮制的衣着中以羊皮为最多。由七八张羊皮做成、皮板朝外、异常结实的大毛长衣是鄂温克人最经常、最普遍的劳动服。男子大衣下边有开衩和不开衩的，女子的大衣不开衩。袖口有"马蹄袖"、"夸袖"。短皮衣，是结婚时男女双方送亲、迎亲的代表都必须穿的一种礼服；缝制精细的羔皮袄是在作客、会亲和过年过节时才穿的礼服。

巴尔虎蒙古族服饰　　布里亚特蒙古族服饰　　达斡尔民族服饰　　鄂伦春民族服饰

鄂温克民族服饰

呼伦贝尔文化博览丛书

| 巴尔虎蒙古族服饰 | 布里亚特蒙古族服饰 | 达斡尔民族服饰 | 鄂伦春民族服饰 |

鄂伦春鄂温克男子人人都扎腰带，女子平时不束腰，只是为劳动方便才临时扎一下，但习惯上，当女儿出嫁时，要陪送一条好的腰带。腰带有用皮子做成，有用毛、布、绸子做成，颜色一般为浅绿色。

鄂温克人喜欢在衣服、靴、帽上进行装饰。不论男女的衣服和领子都镶边，妇女喜镶绿边，也有用黑布镶边的。在靴子、套裤膝盖、烟袋、衣襟、开岔上都饰以各种花纹。

鄂温克民族服饰

呼伦贝尔文化博览丛书

巴尔虎蒙古族服饰　　布里亚特蒙古族服饰 　　达斡尔民族服饰 　　鄂伦春民族服饰

鄂温克民族服饰

此外，鄂温克人爱围头巾，男的多用白色，女的多为蓝、白、青、绿等色。装饰品有耳环、耳坠子、戒指、镯子。妇女都戴耳环。有的家长有意给自己的男孩子戴一只耳环，说是为了好养活。耳坠子是已婚妇女所戴的装饰品，它是用银链分别串上珊瑚、松石、玛瑙等物而成，一耳戴三个。戒指由骨、铜、铁、银和金子做成，妇女习惯上要戴两个。手镯是妇女戴的，有铜的、银的。结婚妇女最少要有一副。也有少数男子戴红铜镯子，其用意如同男孩子戴耳环，认为男扮女装能平安无恙。

呼伦贝尔文化博览丛书

呼伦贝尔市基本情况介绍

呼伦贝尔市得名于境内的呼伦湖（亦称达赉湖）和贝尔湖，处于中华人民共和国版图上的雄鸡之冠，是内蒙古自治区最东部的地级市。呼伦贝尔地处东经115°31′－126°04′、北纬47°05′－53°20′，总面积为25.3万平方公里；呼伦贝尔毗邻东北老工业基地，北和西北部以额尔古纳河为界与俄罗斯接壤，西和西南部同蒙古国交界，素有"鸡鸣闻三国"的美誉。全市下辖1区5市7旗，49个镇，14个乡，9个苏木，37个街道办事处，首府所在地海拉尔区是全市政治经济和文化中心。全市共有43个民族，总人口272万人，少数民族人口50.4万人，占全市总人口的18.5%，是一个以蒙古族为主体的多民族聚居地区。主要有以下几个方面的特点：

一是地域辽阔。呼伦贝尔市总面积为25.3万平方公里，东西绵延630公里，南北总长达700公里，占自治区总面积的21.4%，占全国总面积的1/40，其面积相当于山东、江苏两省面积的总和，也相当于1个英国和6个瑞士的国土面积，是全国国土面积最大的地级城市。全市耕地总面积为1797万亩，占全市土地总面积的4.7%，人均耕地面积6.6亩。呼伦贝尔拥有世界上目前保存最为完好、纯天然、无污染的天然草原，是中国最大的，也是世界上最著名的天然草原之一，天然草场总面积1.26亿亩，占全市土地总面积的33%。大兴安岭纵贯呼伦贝尔中部，绵延千里，构成了呼伦贝尔林业资源的主体，呼伦贝尔市林地面积达到2.03亿亩，占全市土地总面积的53.4%，占自治区林地面积的75%。森林覆盖率50%，活立木蓄积量11亿立方米，占全区的75%、占全国的9.5%。天然草场、天然林地人均占有量均居全国之首。

二是历史悠久。早在二万年前，古人类——扎赉诺尔人就在呼伦湖一带繁衍生息，创造了早期的呼伦贝尔原始文明。自公元前200年左右至清朝，辽阔的呼伦贝尔草原孕育了中国北方东胡、匈奴、鲜卑、契丹、女真、蒙古等诸多游牧民族。公元1世纪，活动在境内鄂伦春旗一带的拓跋鲜卑族"南迁大泽"（呼伦湖），建立了强大的鲜卑部落联盟，并入主中原，建立了北魏王朝。13世纪，随着蒙古族的强大，成吉思汗统一了包括呼伦贝尔在内的整个蒙古高原，清朝康熙、雍正年间，呼伦贝尔地区被划为2个行政区，岭西称呼伦贝尔，岭东称布特哈。1945年日本投降以后，岭西地区建立了呼伦贝尔地方自治政府，1954年设立呼伦贝尔盟，2001年10月10日经国务院批准实现撤盟设市。

三是文化灿烂。正是由于呼伦贝尔历史发展独特轨迹，被著名历史学家翦伯赞先生誉为"中国北方游牧民族成长的历史摇篮"，东胡、匈奴、鲜卑、蒙古等诸多游牧民族在这里创造了灿烂的游牧文化，也被史学家们称为"中华文明的第三源"。呼伦贝尔是典型的民族区域自治地方，全国仅有的3个少数民族自治旗——莫力达瓦达斡尔族自治旗、鄂温克族自治旗、鄂伦春自治旗都在我市，全区19个民族乡呼伦贝尔市占到了14个。达斡尔、鄂温克、鄂伦春"三少"民族和俄罗斯族，民俗文化原始奇异，独具魅力。生活在这里的巴尔虎、布里亚特、厄鲁特蒙古族也以其独特的民俗文化区别于内蒙古其他地区的蒙古族，呈现出了蒙元文化、俄罗斯文化、鄂温克文化、鄂伦春文化、达斡尔文化等多民族文化活力四射、齐头并进、共同繁荣的发展格局。

四是风光无限。呼伦贝尔大草原、大森林、大水域、大冰雪、大口岸、大民俗共同构成呼伦贝尔大旅游。森林与草原交汇、绿夏与银冬交替、民族风情与历史文化交融，森林、草原、湖泊基本保持了原始风貌，使呼伦贝尔正成为世人瞩目的旅游热点地区，素有"绿色净土"、"北国碧玉"之称，国家确定生态建设示范区，是全国旅游二十胜景之一和全国六大景区之一，全国唯一的国家级草原旅游重点开发区，呼伦贝尔还荣获了CCTV2006年度"中国最佳民族风情魅力城市"称号。也形成了独具特色的主题旅游形象：呼伦贝尔—中国北方原生态旅游胜地、休闲旅游胜地。开发了以草原、森林、冰雪、河湖、口岸、历史文化、少数民族风情、异域风情为主的一批旅游景区景点，并围绕景区景点推出了一系列精品旅游线路，概括来讲为"一条黄金曲线、五条精品环线、两条特色单线、五大客流中心"。2010年全市共接待游客980万人次，旅游业总收入143亿元。

五是资源富集。呼伦贝尔市现有耕地1797万亩，天然草场1.26亿亩，天然林地2.03亿亩，人均占有量均居全区全国前列。森林覆盖率为50%，活立木蓄积量达到11亿立方米，占全区的97%、全国的9.5%，绿色、生态农牧林业久负盛名。境内有3000多条河流、500多个湖泊。水资源总量316.2亿立方米，其中地表水资源占全区的73%。探明各类矿产资源65余种、矿点500多处。全市煤炭远景储量近2000亿吨，探明储量1000亿吨，探明储量是东北三省总和的6倍；拥有得耳布尔和大兴安岭两个有色（贵）金属成矿带，海拉尔盆地石油资源富集。由于我市煤水组合优势明显，国家已把我市列为国家重要的煤电、煤化工基地和大型石油基地。石油预测总资源量10亿吨。野生动物500余种，占全区的70%以上，国家级保护动物30余种。有经济价值的植物多达500种以上。被誉为"北方野生动植物的天然王国"。

六是民风淳朴。呼伦贝尔地处祖国北疆，在其长期的发展进程中，已经基本完成了从原始游牧向现代文明的转变。但同时也完整地保留了呼伦贝尔人原始的热情、善良、淳朴的独特地区民族人文性格。从农区的发展来看，这里的人们有很多是自明、清时代就来到呼伦贝尔戍边的移民，也有后期迫于生计，从山东、江浙等内陆地区到呼伦贝尔谋求生存的贫苦百姓，经过几代、甚至几十代的融合发展，已经形成了呼伦贝尔独特的地区风格，也同时保留了地区淳朴勤劳的生活习惯和善良朴实的人文性格，成为呼伦贝尔地区民族大家庭的重要成员。呼伦贝尔林区多年来作为国家重点木材供应基地，为国家建设付出了辛勤的汗水，由此也形成了林区人的豁达、直率，甘于奉献的精神。而牧区作为蒙古族聚居的主要地区和繁衍地，热情、好客、勇敢在他们的身上体现的最为突出。

七是口岸集中。我市地处祖国北部边陲，分别同俄罗斯、蒙古国交界，边境线总长1733.32公里，是全国唯一的中俄蒙三国交界区。我市现有8个口岸对外开放，分别为满洲里铁路、公路、航空口岸，黑山头、室韦口岸（对俄），阿日哈沙特、额布都格口岸（对蒙古国）和海拉尔东山机场航空口岸。其中，满洲里口岸为全国最大的陆路口岸，是亚欧大陆重要的国际通道。这些口岸的开放形成了以满洲里口岸为龙头，黑山头、室韦、阿日哈沙特、额布都格口岸为两翼，海拉尔航空港为中心，布局合理的沿边开放带和铁路、公路、航空立体交叉全方位对外开放的格局，使呼伦贝尔市具备了成为国家向北开放前沿阵地的基础条件。

图书在版编目(CIP)数据

呼伦贝尔文化博览 / 金昭主编.—呼伦贝尔：内蒙古文化出版社，2011.11
ISBN 978-7-80675-962-2
Ⅰ.①呼… Ⅱ.①金… Ⅲ.①文化—概况—呼伦贝尔市 Ⅳ.①G127.263

中国版本图书馆CIP数据核字（2011）第237086号

呼伦贝尔文化博览
金 昭　主 编

内蒙古出版集团有限责任公司
出版发行　内蒙古文化出版社
(呼伦贝尔市海拉尔区河东新春街4-3号)

邮　　编	021008
网　　址	www.nmwhs.com
投稿信箱	dingyongcai@163.com
直销热线	0470-8241422
印刷装订	北京宝隆世纪印刷有限公司
责任编辑	丁永才　包文明
装帧设计	董焕琴　董丽娜等
开　　本	260×186毫米
印　　张	9
字　　数	10万

2011年11月第1版　2011年11月第1次印刷
印数　1-5000册

ISBN 978-7-80675-962-2
定价：980.00元